JN418786

Han Kwang-Koo

시인 한광구

산경山經

한광구 시집

산경山經

Poetics 시학

■ 시인의 말

산은 내 삶의 오후에 만난 정신적 공간입니다.
산을 만나고, 산마을에 살면서
나는 삶의 바다를 다시 만나게 됩니다.
푸른 바다 위를 걷듯 산을 오르며
목마르고 지칠 때
나는 산이 주는 아늑하고 깊은 샘을 만났습니다.
샘물이 산을 적시며 흘리는 물소리를 들으며
이 시집을 엮습니다.

차 례

제2부

제3부

제4부

제5부

제6부

제1부

산경山經

산은 오르는 것이 아니라
가서 박히는 것임을 알게 됐네.
내가 가서 박히니
풀도 나무도 박히어 파랗고
냇물도 박혔다가 흐르는 걸.
하늘도 이렇게 뿌리를 박고
산 속에 살고 있음을 알게 되었네.
울창한 나무와 풀들이
검붉은 몸뚱이로
어제의 잎들을 털어 내고
뿌리를 박고
하늘 말씀을
땀처럼
눈물처럼
흘리는
물을 모아
아래 세상으로 보내는 걸
비로소 알게 되었네.

암자에서

세모의 하루 밤을 암자에서 지냈네.
그 밤 암자에 누워
하늘에 총총히 박힌 별들을
하나하나 읽어 가니
어느새 온 산이 은회색으로 반짝거려
마치 책장을 넘기듯
밤새워 이 골짝 저 골짝 헤매면서
저마다 색깔과 모양으로 깨어나는
물상物象들이 물안개로
굽이굽이 피어올라
마침내 동트는 새벽 햇살에
푸른 악보로 떠오르는 걸 보았네.

깊은 샘

바위가 나무에게 몸을 열어
뿌리를 내리게 하고
파란 입술을 엽니다.
가장 낮은 곳에서
가장 높은 하늘을
보여 줍니다.
바위 속에
나무와 풀이 모여
열매를 맺습니다.
맑은 만큼 투명하게
하늘과 땅이
깊이 젖어 있습니다.

소리가 있었네

소리가 있었네.
날 부르는 소리가 있었건만 난 듣지 못했네.
내 이름을 부르며 다가왔지만 맞아 주지 못했네.
아, 소리가 있었네.
누군가 알아듣는 귀를 가져
그 소리가 들렸네.
바람이 불고
햇살이 내리고
나무와 수풀들이 흔들리며 내는 소리를.
나는 듣지 못하고 그냥 지나왔네.
문득 누가 날 부르는 듯하여
돌아보니
이제껏 내가 듣던 목소리가 아닌
햇살이 눈부시게 내리고
숲에서 푸르게 피어오르는
노랫소리
바람처럼 춤추듯
마을로 걸어오는
소리가 들리네.

처녀

별들이 내려와 속삭였네.
산속 깊은 곳에 조용히 엎드린
하얀 바위에게
두려워하지 마라
입김처럼 속살거리고
키스처럼 달콤하게
젖어들었네.
온 산이 꿈꾸듯 들었네.
별들이 수풀을 흔들며
산으로 내려와
풋풋하게 감겨 오는
푸른 힘줄
반짝이며 깨어나는
새 생명
노래.

물소리 · 1

눈 녹으며 골짝마다 물 흐르는 소리 자욱하네.
바위들마다 속으로 참아 온 눈물 흘리고
나무마다 뿌리로 간직한 고통을 눈물로 풀어내네.
메마른 풀잎마다 눈물로 젖어 흔들리네.
하늘이 산으로 내려 흘리는 물소리
낮고 깊은 땅에서
굶주리고 병들었던 뿌리들이
새파랗게 능선을 기어오르네.

아버지란 이름

이보시게, 모래알같이 수많은 인연 중에 자네가 한 남자로 태어난 건 하늘의 축복이지, 자네가 부모를 만난 인연으로 이 세상에 태어나 그동안 하늘을 섬기며 건강하게 살아왔고, 또 유정有情한 인연으로 한 여자를 만나서 세상의 법대로 한 가정을 이루었고, 또 하나의 인연으로 아이를 얻고 아버지란 이름을 얻었네. 이제부터는 사람의 법으로 살기보다는 하늘의 법으로 살아야 하네. 생명은 하늘에서 내리시니 하늘의 숨결 받은 몸을 서로 나누고 서로 섬기는 것이 사랑의 근본이지만 핏줄로 맺어진 육정肉情을 넘어 하늘이 내려 주신 바위를 안고 감사하는 마음으로 살아야만 핏줄의 인연이 하늘로 오르고 땅으로 뿌리내려 세상을 구한다네. 이보시게, 자네로 말미암아 하늘과 땅이 새로 태어난다네.

별밤

저별은 나의 별. 저별은 너의 별
반짝이는 수많은 별 중에서
별들은 별을 알고
서로서로 반짝반짝 속삭이지.
땅으로 내려오는 아기별따라
동쪽 하늘에서 별 셋이 따라와
아기별을 찾으니
어머니의 따스한 포대기에 싸여
하늘에서 내려오는
별들의 노래 듣네.
하늘엔 영광, 땅엔 축복
사랑하는 사람들에게 평화
반짝이는 빛과 스며드는 향기
사람의 땅엔
큰 별이
사람의 아들로 태어났네.

산불

별이 내려와 녹아들자
잠 못 이루는 사람은
두려움에 떨며
바위마다 불을 질러
신음처럼
아우성처럼
온 산이
피를 흘리듯 불타고 있네.

씻기

이보시게, 일어나
씻고 하루를 시작하시게.
하늘은 비를 내려 땅을 적시고
땅도 하늘이 그리워
안개 자욱이 피워 올리지.
땅이 젖고, 숲이 젖고,
바위 속까지 적시는
맑고 투명한 샘물로
머리를 씻고, 얼굴을 씻고
몸을 씻고, 마음을 씻고
죄를 씻고, 깨끗한 영혼으로
푸른 하늘같이 다시 태어나시게.
샘물이 흘러내려
사랑의 입김처럼
하늘과 땅을 잇고 있네.

햇살

속삭이네, 속삭이네.
잎 돋고, 꽃 피어나네.
온갖 수풀들이
산등을 기어오르네.
아지랑이 아롱아롱
파란 잎
파란 가지 흔들리네.
슬퍼할 줄 알아
눈물을 흘리고
위로 받고 뿌리내려
온 산을 차지하네.
주리고 목마른 뿌리들
샘물을 마시고
모두 일어나서
하늘과 땅이 만나는
복음福音
햇살.

샘물

가장 낮은 곳에서
가장 높은 하늘을 안고
반짝입니다.
산이 들어와
흔들립니다.
바위가 나무에게
몸을 열어
뿌리내리게 하고
초록 입술로
툭툭
땅의 화두話頭를
읽어 내고 있습니다.

제2부

사랑의 칼

내 사랑은 칼이라네.
서로의 심장을 찔러
뜨거운 피로서
마음을 씻어 내는
내 사랑은
우리의 중심에
새파랗게 꽂히는 칼날
얻으려면 잃게 되고
잃으면 얻게 되는
내 사랑은
비록 물 한 그릇
나누는 사이지만
서로를 위해
가슴에 꽂아
뜨거운 피로
녹여 내야 할 칼일세.

사랑배우기

내 평생을 사랑하며 살기로 했건만
아직도 사랑이 무엇인지 모른 채
사랑하며 살리라 다짐하며
다시 시작해도
끝내 돌아서는 내 사랑이여,
똑같이 햇빛을 내리시고
똑같이 비를 내리시는
사람의 삶에서
선인善人도
악인惡人도
모두 생나무 가지에 걸린
살점 같아
피 흘리는 이 아픔을
사랑인 줄 누가 아나요.
무너지는 가슴에
눈물뿐인 내 사랑아,
사랑하는 사람만
사랑하는 건

사랑이 아니고
도저히 용서할 수 없는
웬수
그를 위해 기도하는 게
사랑이란 걸
오늘도 눈물로 배우고 있습니다.

바느질

모자를 벗어다오
머리를 다시 깁겠다.
목도리를 벗어다오
모가지를 다시 깁겠다.
속옷을 벗어다오
가슴을 다시 깁겠다.
웃옷을 벗어다오
팔을 다시 깁겠다.
장갑을 벗어다오
손을 다시 깁겠다.
팬티를 벗어다오
ㅇ지를 다시 깁겠다.
바지를 벗어다오
다리를 다시 깁겠다.
구두를 벗어다오
발을 다시 깁겠다.
너를 벗기려는 것이 아니라
너를 완전하게 입히려고 한다.

독경讀經

산에서 만났네.
밤마다 달빛에 젖어
달처럼 환해지는
별들 내려와 총총히 박혀서
반짝이는
눈물처럼
입김처럼
축축하게
무릎 아래
수풀을 키워
두런두런 잎새들 피워 내며
독경하는
바위를
그 산에 가서 만났네.

바다걷기

바다는 나의 공포
나의 죽음이지만
바다는 나의 희망
나의 믿음이지요.
오늘도 검푸른 파도소리에
내 삶의 노래를 섞습니다.
바다에 나아가 고기를 낚고
조개와 소라 미역을 건지러
바다를 걷습니다.
높아졌다가 낮아지는
검푸른 파도
너무 높아 겁을 먹고
너무 깊어서 넘어질 때
약하다고 꾸짖으며
잡아 주시는 손길,
알겠습니다.
산다는 게 바다걷기죠.
나 언제 넘어질지 모르지만

그 손 꼭 잡고서
오늘도 검푸른 파도 위를 걷는 거지요.

눈동자

깜박이는 눈동자에
촉촉이 젖어서
그리움으로 풀어져
투명하고 깊이
젖어드네.
반짝이는 검푸른 몸
타오르는 검푸른 살
해맑은 불을 켜고
촉촉이 적셔
비춰 주는
깊고
푸른
당신의 창窓에
내가 안겼네.

보행

가지가 하늘을 가렸네.
잎이 햇살을 가렸네.
골짜기는 깊어지고
젖어 미끄러운 바위
땀처럼
눈물처럼
흘리는 물
흔들리는 잎 사이로
햇살을 뿌려
반짝이며 젖어 흐르네.
가야지, 걸어서
물의 행법行法을 따라
연옥煉獄 같은 이 골짜기
하루 종일
걷고 또 걸어서 가야겠네.

헛된 생각

무엇을 먹고 마실까 생각합니다.
무엇을 입고 걸칠까 생각합니다.
맛있게 먹고 마시는 일과
고상하고 멋있게
즐겁게 사는 걸 생각합니다.
힘들게 일하지 않고도
편안하게 사는 법을 생각합니다.
하늘을 나는 새는 모두 살찐 비둘기뿐
아름다운 꽃은 모두 화분에 담겨 있습니다.
이런 세상을 어떻게 살아갈 건지
오늘도 헛된 생각만 하고 있습니다.

어제는

환하게 웃으며
걸어가는 저 사람
어제는 문둥이였지요.
나무 아래 저 사람도
어제는 앉은뱅이였지요.
바위에서 손짓하는 저 사람도
어제는 장님이었지요.
꽃을 파는 저 사람도
어제는 벙어리였지요.
오늘은
어둠을 뚫고
참나무 일어나고
참꽃 붉게
피어나고 있습니다.

반석盤石

그가 내 가슴에 열쇠를 꽂았네.
절망이 쌓여 굳어진 가슴에
힘줄 돋아
땅에 매면 하늘에도 매이고
땅에서 풀면 하늘에서 풀리는
인력引力으로
내 삶을 걸머진
바위.
내 풋풋한 힘줄을 매는
나의 반석.

물소리 · 2

낮은 데로
흐르다 보니
숲이 하늘이 됩니다.
하늘 숲에서는
바위가 말이 됩니다.
말이 엮어져
노래가 됩니다.
온 산이 녹아
흘러내리는 소리
귀가 쩡하게
듣습니다.

제3부

산바람

나무야,
풀아,
흔들리며 사는 건
그대들의 몫
흔들리며 자리 잡고
푸르게 살기는
그대들의 삶
햇살 내리고
비를 내리니
뿌리를 뻗어
바위를 삭히고
흐르는 물을
햇살과 섞어
푸르게 숨쉬는 건
그대들의 지혜
간밤에도
깊은 골짜기나
우뚝한 바위에도

고루 이슬이 내려
온 산이 젖었으니
햇살 밝은
오늘은
하늘과 땅을 섞는 소리
온 산에 가득하네.

청명清明

걸어가네.
햇살을 받고
흰 구름 떠가듯
펄럭이는 바람 타고
가볍게 걸어가네.
나무들이 고개 숙여
가지마다
툭툭 떨어뜨리는
열매
목을 축이라고
허기를 채우라고
내어 주는 양식糧食
평화
주어도 받지 않으면
발을 굴러
먼지를 털고
가볍게 걸어가네.

등산기登山記

날 부르는 소리 들려서 산을 오르다 보니, 등에 땀이 솟을 때쯤 내 손잡아 주는 부드러운 손길, 오리나무 연하고 붉은 가지 흔들며 손짓하는, 여기는 하얀 바위 얼굴이 싱긋이 웃는 애기봉, 엎드린 능선을 타고 아침 안개 걷히고 하얀 바위들 생글생글 웃고 있어 잠시 땀을 식히고, 부르는 소리따라 쉬엄쉬엄 오르다 보니, 흰 구름 몇 무더기 떠오르는 파란 하늘에서 햇살 내려와 초록빛 눈웃음을 치며, 소나무 아랫도리를 감싸면서, 힘차게 뿌리를 내리는, 여기는 바위들이 스크럼을 짜고 뛰노는 형제봉兄弟峰, 가쁜 숨결 몰아쉬며 잠시 땀을 닦고 앉으니, 바위 사이로 굵은 소나무 뿌리가 삶의 무게로 깊숙이 뻗어, 서로 사랑하는 법을 보여 주고 있어, 우리도 살아가는 이야기를 나누며 힘을 합쳐 능선을 타고 오르니, 참나무가 굵은 껍질을 덮고, 가는 길을 손짓해 주고 있어, 햇살 받아 검은 이끼 벗고 하얗게 웃는 바위들따라 오르다 보니, 하늘을 우러러 우뚝 선 여기는 장군봉將軍峰, 한 손으로 뾰족한 솟대바위를 창처럼 거느리고, 삶이란 스스로 하늘을 여는 것이라고, 모자 위에 깃털처럼 소나무를 키우며, 독경처럼 바람 소리 거느리고, 가파르게 오르는 길, 소나무 손잡고 참나무에 의지하여 힘겹게 오르다 보니, 흰 바위가 양쪽 날개를 달고 하늘을 향한 여기가 비봉飛峰이라네, 바라보니 계곡마나 나무들이 옹기종기 모여 살고, 나무사이 풀들이 짙푸르게 우거진 저 건너, 저 높은 산봉우리는 상제봉上帝峰이고, 그 뒤로 검푸른 몸체를 우람하게 드러내고, 인자하게 앉은 태모봉胎母峰도 보이네.

농사

말씀의 씨앗은
햇살처럼 내리고
비처럼 내려오니
가시덤불에 떨어져 숨이 막혀 죽고
모래 자갈밭 떨어져 목이 말라 죽고
바위 밑에 떨어져 썩어 죽고
날아드는 새들에게 쪼아 먹히기도 하니
그대 삶에 뿌리내려
싹 틔우고
꽃피워 열매 맺는 일은
오직 그대의 수고로운 농사
마음을 바로 하고
힘을 다하여
잡초를 뽑고
흙을 북돋으며
가꾸기만 하면
백배
천배
거둬들이는 말씀농사라네.

산경山徑

산을 오르다가 만나는 파란 풀밭에서 속삭이는 소리 따라가니 풀뿌리 적시며 하늘을 안고 박혀 있는 샘물을 만났네. 햇살을 안고 반짝이는 샘물에 어리는 내 얼굴 비로소 바로 보이고, 나무들도 와서 저마다 굵기로 뿌리를 내려 물을 마시며, 푸른 피로 힘차게 일어서서 하늘로 가지를 뻗고, 검푸른 잎으로 햇살과 바람이 함께 엮는 하늘 글자를 속삭이듯 읽고 있어, 소리를 따라 계속 오르다 보니. 비탈길에 바위들이 저마다 옹기종기 모여 앉아서 무릎 아래 풀잎의 목소리에 귀 기울이다가, 소나무 스치는 바람 소리를 아래로 전해 주고, 오리나무 붉은 속잎 돋는 소리 알려 주고, 참나무가 바람으로 읽는 하늘 소식 전해 주며, 아래서 위로, 위에서 아래로, 푸른 피가 통하는 길을 열어 주기에, 바위 타고 나무 잡고 허위허위 숨 가쁘게 오르다 보니, 수억, 수만, 수천 세월 살아온 생애를 구름처럼, 안개처럼, 이슬처럼 거느리고. 우람하게 앉아서 햇살 받아 안고, 파란 하늘 이고, 머리에 투구처럼 소나무 꽂고, 영원을 사는 법을, 바람으로 설법說法하다가, 구름으로 기도祈禱하고 있네.

소나기 뒤에

검은 구름이 덮쳐 오고, 소낙비 쏟아지자, 나무들이 떨며 울고, 풀잎들은 엎드려 온몸을 흔들어대고, 바위마다 흠뻑 젖어 위태롭게 앉아 있네. 아래로, 아래로 질퍽거리며 기어가는 황토 속에서 몸 부비며 살아온 돼지 떼 같은 생이 꿀꿀대는 골짜기로, 먼 바다도 몰려와 허옇게 몸을 뒤집으며 울부짖고 있네.

마침내 비 개이고 햇살이 내려와 어둠의 밑바닥까지 비치자, 풀잎 아래 황토 흙 속에서 온 골짜기의 무릇 돼지 떼가 뛰쳐나와 미친 듯 달려 나가 절벽으로 떨어져, 검푸른 바다가 되고 있네. 비로소 나무들이 몸을 가누고, 풀잎들이 황토 흙을 안고, 하늘을 향해 반짝이자, 바위들이 흰 얼굴 드러내며 웃고, 멀리서 푸른 바다가 출렁이며 와서 노래하네.

하나처럼

우리가 두 주먹 쥐고 태어났듯이
모든 생명은 두 잎으로 시작되네.
하늘 아래 목숨들은
둘이 어우러져야
완전한 하나로 거듭나지,
두 개의 주먹이여,
두 개의 잎이여
우리가 사랑으로 모여
더불어 사는 것도
내리시는 햇살을
어떻게 받느냐에 따라
생애가
축복과 저주로 갈린다네.
서로 감사한 줄 모르면
은총도
저주로 바뀌고.
한쪽이 잘못되면
한쪽도 시드는 법,

미움과 원망도
사랑의 힘으로 녹여
하나처럼 살다 보면
추수 때가 되어
알곡은 알곡으로 거둬지고
가라지는 구분되어 불태워진다네.

입에서

배고파 먹고 목말라 마시는 게 무슨 허물이랴.
우리네 삶에서 먹고 마시는 일은 즐거움이지만
입에서 나오는 것이 더럽다는 말은
살아가는 것들은 저마다 물성物性이 있어
사람이 먹고 마시는 일은
자연의 물성을 알고
그에 따라 사는 것이지만
입에서 나오는 것은
육정肉情으로 나오니
함부로 먹고 마시며
함부로 싸고 뱉는
일
부끄러워하며
냄새를 삼가고
말을 삼가고
거듭 삼가며 살라는 뜻이겠지요.

가장 높은

이 산에서 가장 높은 곳이 어디냐고 물었습니다.
저 하늘을 이고 앉은 푸른 봉우리라 합니다.
봉우리에 뭐가 살고 있느냐고 물었습니다.
큰 바위가 앉아 있다고 합니다.
바위뿐이냐고 물으니
소나무 몇 그루 키우고 있다고 합니다.
소나무 위엔 솔잎 있고
솔잎은 바람에 날려
물을 타고 내려와
가장 낮은 골짜기까지 와 있다고 합니다.
그럼 가장 높은 곳이 가장 낮은 데 있군요.

섭생법

한 교수, 그렇게 보지 않았는데 자기 관리를 엉망으로 했군. 그를 찾아가니 진맥을 하고 첫 마디가 그랬네. 이제부터 술, 담배 그만하고 절식을 하며 체중을 줄이시게, 나는 침을 놓지만 고치려 놓는 게 아니라 막힌 게 서로 통하라고 놓는 것이니 건강은 스스로 지키는 것이라고 내게 섭생법을 일러 주었네. 하루도 빠짐없이 아침에 눈을 뜨면 한 시간 이상 걷고. 아버님 어머님께 문안드리듯 성모님 앞에 앉아 묵주기도 드리며, 늘 네 몸과 마음을 깨끗이 씻으며 살라 하네. 무릇 병이나 악은 깨끗한 곳에서 살지 못해 쫓겨났다가도 자칫 스스로 잘난 척 마음을 놓고 사는 사이에, 기회를 엿보다가 맘이 어지럽고 몸이 흐트러진 사이에, 전보다 훨씬 센 힘으로 돌아온다네. 아니, 방심放心하면 일곱이나 더 데리고 와서 점령하려 할 것이니 늘 조심해야 한다네. 무릇 삶이란 이런 긴장감이 없으면 맥이 풀리고, 사는 맛이 없어지는 법이라 마음을 몸에 맡겨서 육정肉情으로 살게 하지 말고, 몸도 늘 새 힘으로 마음을 밝혀 피곤하게 하지 않도록 서로를 잘 다스려야 하네. 그 어느 한쪽으로 치우치면 우리 삶을 빼앗으려 그 놈들이 몰려온다네. 항상 절제하고, 몸과 마음을 깨끗이 하여 내리시는 햇살을 받고 감사하며 사는 것이 바른 섭생법이라 일러 주네.

화법話法

큰소리로
이목을 끌려고 하지 말고
마음을 담아
빈말 없이
조용조용 말하리.
먼저
마음의 상처를 녹여 내는
결심으로
용서를 청하는
말문을 열고
한마디, 한마디
힘주어
천천히 걸어
그대 마음속으로 다가가리.

다시 청계천에서

다시 청계천으로
졸졸 출렁출렁
흐르는 물길 따라
불 하나 내려와 어립니다.
불 둘 내려와 어립니다.
불 셋, 불 넷, 불 다섯 내려와
조잘조잘 추억처럼
출렁출렁 그리움으로
광교를 거쳐 수표교 지나
오간수교 밑을 흐르고 있습니다.
별 하나 내려와 속삭입니다.
별 둘 내려와 속삭입니다.
별 셋, 별 넷, 별 다섯 내려와
속삭이고 있습니다.
우리네 가족입니다.

한강 유람선에서

올림픽의 송파나루에서
출렁이는 그리움을 유람선에 싣습니다.
뚝섬 쪽 시민의 숲에서 피어오르는
추억의 매콤한 연기를 마시고
압구정동 목쉰 경제학 강의를 들으며
선능 쪽에서 불어오는 바람을 안고
살고지 다리 건너 바위의 살구꽃
반짝거리는 반포 아파트 창문에서
들려오는 그리운 목소리에
남산 아래 한남동과 동서빙고 기적소리
동작에서 들리는 나팔소리를 섞어
명수대 쪽 검은 흙에 박히는 추억을 캐내며
한강다리 곁에 흔들리는 노량진 버드나무
쉰 목소리의 사회학이 번쩍거리는 여의도까지
가가가呵呵呵 소소소笑笑笑 흘러왔습니다.

제4부

바늘

나도 바늘이 되어야겠네.
몸은 모두 내어 주고
한줄기 힘줄만을 말리어
가늘고 단단하게
꼬고 또 꼬고
벼리고 또 벼리어
휘어지지 않는 신념으로
꼿꼿이 일어서
정수리에
청정하게
구멍을 뚫어
하늘과 통하는
길을 여는
나도 바늘이 되어야겠네.

누룩

우리들의 삶이란
본성을 잘 발효醱酵시키는 것이지요.
끼리끼리 젖어들며
욕망으로 부풀어 올랐다가
그래, 너는 좌파고,
그래, 너는 우파다.
너는 여당이고,
너는 야당이다,
같은 이데올로기로 끼리끼리
모여 부글부글 끓다가
살과 뼈가 녹아
발효되는 한 생애를
누구는 시퍼렇게 멍들고
누구는 곪아 피고름이 되고
누구는 향기로운 술이 되고
누구는 독毒이 되고
누구는 썩어 내리는
세상에서

오늘 나는
어떤 누룩으로 부풀어 오르다가
무엇으로 녹아 내리는지.

이불

천왕봉 오르다가
고단한 몸 쉬려고
잠시 큰 바위에 누워
깜박 잠들었더니
내가 잠든 사이
바위가 이불처럼
포근히 감싸 주어
깨어나 물으니
우연인 것 같지만
실은
바위가 나를 선택하여
이불이 되어 주었다고
조용히 일러 주더이다.

낙타

이 산의 팔부능선쯤에서 그를 만났습니다.
그는 쌍봉 허리를 이고 다리를 접고
긴 목을 내려놓고 앉아 있습니다.
왜 여기서 이러고 있느냐고 물으니까
예까지가 자신의 한계라고 합니다.
뜨겁고도 추운 사막을
묵묵히 계율戒律을 되새김질하며
이 산을 향해 걸어왔지만
여기서부터는 바늘귀를 통과해야
갈 수 있다기에
몸이 바스러져
먼지가 될 때까지
기다리고 있다고 합니다.
바늘귀가 어디냐고 물으니
보진 못했지만
들어서 알기에
기다릴 수 있다고
오늘도 묵묵히 앉아 있습니다.

소금

너로 하여금 삶의 맛을 알았네.
생생하고 팔팔한 날것들끼리 모여
조금씩 순을 죽여 서로 의지하고
하나처럼 살아갈 줄 알게 되었네.
쓰고 쓴 삶의 맛도
달게 체험하게 하였네.
너로 하여금 날것으로 살기보다
서로 어울려서
마음을 합쳐
그리움의 등불 켜들고
온 산을 밝히는 법도 알고
서로서로가 하나처럼
살아가는 법도 알게 되었네.

바늘귀를 찾아서

나도 이제 몸 벗어놓고
눈과 귀를 하나로 뚫어
하늘과 통하는 길을 찾아야 하리.
얽히고설킨 이 세상의 인연들
채곡채곡 정리하여
둘둘 감아놓고
하늘과 통하는 바늘귀를 찾아
삶의 실 꿰어놓고
인연의 한 겹 한 겹 집으며
깁고 또 기워야 하리.
아름다운 생애가 되기 위해
내 영혼 실이 되어
갈라지고 찢긴 마음
온전하게 꿰매 주고
이리저리 찢기고 갈린 세상
조각조각 맞추어
꼭꼭 찔러가며 하나로 이어 주는
바늘귀를 찾아
나 이제 몸 벗어놓고 떠나야 하리.

전정剪定

내 생애에서 웃자란 가지는 잘라야 하리.
너무 과분한 열매는 솎아 내야 하리.
사랑도 육정肉情에서 솟아나면
욕심이 되니
저마다 욕심껏 뻗는 가지는
끝내 서로 헐뜯고 욕하다가
원망과 미움으로 맺히나니
미련 두지 말고 싹둑 잘라야 하리.
꽃 같은 사람도
은밀한 그리움
다스리지 않으면
자욱한 삶의 먼지
아깝다 자르지 못하면
얻지 못하니
잔가지, 웃자란 가지
아낌없이 잘라 내고
정성껏 기다리리.

삼각형

세상은 삼각형이지.
입법, 사법, 행정이 그렇고
자본, 노동, 경영이 그렇고
남편, 아내, 자식이 그렇다네.
그래, 피라미드는 고대의 상징
에펠탑은 근대의 상징이지.
그래, 사람 사는 세상은
둘 이상의 받드는 자가 있으면
하나의 다스리는 자가 있어
균형을 맞추지.
권력權力도 이런 거지.
무릇 삼각형이 쌓이고 쌓여
세상을 이루었지만
옳은 세상은 역삼각형이라지.
물에 젖은 탑을 보시게.
젖어서 보면 역삼각형이지.
섬김을 받으려면
가장 낮은 데로

물처럼 흘러내려
피로서 섬기는
세상이
참 세상이지.

마지막 옷

나 이제 마지막 옷 한 벌 준비하리.
잔치에 입고 갈 옷 한 벌 준비하리.
호사고 남루고 가리지 않고
굶주리고 병든 이 가리지 않고
평화
모두 먹고 마시는
잔치지만
옷을 입지 않았다고
문밖으로 쫓겨나
어둠 속으로 던져지니
그 옷은
그분의 눈에만 보이는
사람으로 입어야 할
마지막 옷.
마음으로 입는
마지막 옷 한 벌이라네.

죽음놀이

아기가 되어
엄마와 놀자고
바둥거리네.
엄마대신
엄마 닮은 여자
젖을 빨며
서로 쓰다듬다가
아픔으로
사랑을 확인하네.
아빠 대신
아빠 닮은 남자의
모가지를 껴안고
매달리며
죽도록
사랑한다고
불타오르는
죽음놀이.

매듭

솟구쳤다가
곤두박질치며
상처를 입고
또 입어도
내 삶의 질곡까지
손을 뻗어
사랑의 끈으로
다시 묶어 주시니
매듭이 더 할수록
나는 당신께 가까이 다가갑니다.

어머니가 계신 집

지하철을 타고
어머니가 계신 집을 찾아갑니다.
삶으로 질퍽이는 골목을 지나면
내 어릴 때 아버지가 손수 지으신 집
한지로 바른 반투명 완자무늬
방문을 열고
어머니 저 왔습니다.
환한 햇살 모아 안고 계시다가
밝은 미소로 맞아 주시는
하얀 치마폭의
함박꽃 냄새
목마르지
사기대접에 하늘 물을 떠다 주십니다.
근처 고물시장에서는
항상 곰팡내가 풍겨 와도
반투명의 완자무늬
함박꽃이 그리움으로 피어납니다.

제5부

피 젖은 바위

온 산이 어둠에 묻힌
깊은 밤
홀로 잠들지 못하고 깨어나
하늘에서 내리시는 빛을
온몸으로 받아 안고
엎드린 바위
내리시는 뜻과
눈
비
이슬을 알고
마을로 내려와
곤한 사람들의 잠을 깨워도
일어날 줄 모르는 사람들
위해
오늘 밤도
피에 젖는 바위.

암나귀

그분도 언덕에 매여 있던
새끼 딸린 암나귀를 타고
사람 사는 동네로 오시네,
참사랑은
새끼 달린 암나귀처럼
몸에서 우러나야
끝내
하늘을 받드는
기둥이 된다는 걸
보여 주시려고
암나귀를 타고
삶의 언덕을 오르시네.
사람의 동네에서
사랑의 몸이 되어
비탈길을 오르시네.

젊은 목수

절을 찾아 올라왔더니
부처님 계신 곳은 없고
허물어진 대웅전 앞
번듯하게 나앉은
전방錢房
공양간供養間
나한羅漢, 보살菩薩들은
술과 고기 즐비하게 늘어놓고
부처님을 팔고 사고
북적이는 중생衆生 사이로
누가 걸어오네.
걸어와 쇠북 울리듯
소리치네.
전방이며 공양간을 뒤엎으며
물러가라 하네.
삼일 안에
절을 헐어 내고
새 절을

짓겠다고 약속하는
젊은 목수였네.

전야제前夜祭

잠든 바위마다에
불꽃 피어나고
검은 숲에서
나무마다 깨어나
소리소리 지르네.
풀잎마다
불붙은 목청으로
어디냐고, 어디냐고
바람따라 길을 찾아
소리소리 지르네.
소리끼리 뒤엉킨
검은 불길 속에서
땅이 울고
동쪽 하늘에서
번개 치고
서쪽 하늘에서
천둥치며
독수리 떼
검붉게 날아오르네.

만남

나도 눈을 뜨게 되리
치솟는 바다와
끓는 땅으로
무너지는 하늘에서
나도 보게 되리.
바람 소리 잦아들고
피리 소리 들리며
하얗게 피어오르는 구름 속에서
내려와 날 부르는 목소리
듣게 되고
소리따라 나도 가게 되리.

향유香油

그녀의 사랑은 뜨겁게 타올라
하늘나라에서
별로 세공된
유리병에 담겼다가
그의 머리 위로 쏟아졌네.
머리칼을 적시고
얼굴을 덮었네.
몸 안으로
깊어지는 눈빛
황홀하게 젖어들었네.
오감五感을 넘는
황홀한
죽음이었네.
깊은 골짜기까지
가라앉은 사랑
향유가 되어 죽음도
꽃잎처럼 향기롭게 피워내
햇살처럼

별빛처럼
반짝이며
열매 맺는
사랑의 경전經典 되었네.

소금십자가

내 삶의 붉은 피로
이 땅을 적시어
땅속 어둠에서 굳어진
소금덩이
짜고 쓴 삶의 맛이
힘줄처럼 뻗히어
캄캄한 암벽에
하얀 촉루로 누웠다가
쿵쿵쿵
이런 삶을 사랑하시어
전부를 바치시는 분의 발소리
못 박히시는 소리
듣고
깨어나
그 사랑의 피가
이 생애 가로지르고
세로로 흘러내려
투명한 살 속에

세우는 새 생명
나의 소금십자가여.

기름이 되리

과육果肉이 툭 하고 떨어지고
우수수 맨가지 흔드는
나무들이
마지막 잎새를 떨어뜨리고
별들도 차례로 꺼져
완전한 어둠
오신다는 약속을
믿고
어둠의 밑바닥으로 가라앉은
나 깜깜한 기름이 되리
뼈와 살을 녹여
캄캄하게 기어가는
기름이 되어
언제인가는
약속의
등불 밝히는
기름이 되리
어둠만큼 걸러져

해말갛게 타오르는

나 그런 기름이 되리.

무덤여자

완전한 어둠
깜깜하게 굳어진
무덤 앞에 앉아 있던
그 여자는 보았네.
깊은 죽음의 고요 속에서
일어서는 불빛을.
때 되어 자신의 몸에서
솟아나던 붉은 피 같은
불빛
서서히 타올라
눈부시게 환해지더니
눈같이 흰옷을 입고
어둠에서 나오는 것을
그 여자는
두려움에 떨며
환희에 몸부림치며
만났네.
비로소 세상에 전했네.

당신의 피

당신의 피가 샘물로 솟아납니다.
샘물을 마시고 나도 깨어납니다.
샘물로 눈을 씻고 나도 보게 됩니다.
샘물로 귀를 씻고 나도 듣게 됩니다.
환하게 트여 오는
높푸른 하늘 아래
샘물로 몸을 씻고
나도 당신이 마련하신 귀한 생명임을
비로소 알게 되었습니다.

빛의 몸

어둠을 뚫고 내려와
온갖 물상物像들을
흔들어 깨웠네.
큰 바위 하나
살과 피로 녹아서
숨결이 되고
소리가 되고
몸이 되어
환하게
온 세상을 밝히는
빛의 몸이 되었네.

오시는 소리

바람처럼
입김처럼
소리 없이
잠든 시간을 흔듭니다.
바다 건너
산을 넘고
가장 낮고
작은 집에
은은한 몸짓으로
오십니다.
엎드린 산이
고개를 듭니다.
아직 눈과 비가 섞여 오는
사람 사는 땅이지만
먼저 일어난 사람은
느끼고 맞이합니다.

제6부

가벼워지기

시여 미안하다.
사람의 아들이여 감사하다.
고단하게 걷다가
산마을에 와 보니
모든 것이
이슬이거나 먼지 같아서
시를 쓰는 일이
눈물 글썽이거나
목 메이는 말
웅얼거리는 울음 같아
시여, 이렇게 되었네.
하지만 감사하다
사람의 아들이여.
당신을 만나서 이렇게라도
가을 맞으니
사람이여, 당신들의 사랑이
가슴에 저며 와
이렇게 감사하며
가을걷이를 하겠네.

요셉의원

누가 이 사람을 모르시나요.
화려한 영등포 백화점 옆
뒷골목의 쪽방동네
구차한 목숨들이
질퍽거리는 땅에
끈이 풀어져
돌아갈 곳 없는 몸이
절망과 낙담으로
하늘 끈을 찾고 있습니다.
굶주리고
남루한 그들에게
사람으로 살고
사람으로 죽을 권리를 찾아
하늘 끈을 매어 주는
의사 요셉 선생.
누가 이 사람을 모르시나요.
양 떼들 모두 제 우리 찾아
돌아간 뒤

병들고 버려진 양을 찾아
제 우리로 보내 주는
요셉 원장 선생.
당신을 만났습니다.
하늘 끈을 당기어
이 땅에 매고 있는
착한 이웃
당신을 만났습니다.

푸른 욕법浴法

— 속리산俗離山에서

보은報恩의 땅입니다.
산이 큰 팔을 벌려
넓은 품을 마련해 주셨습니다.
법주사法住寺 큰 부처님 일어서서
황금 햇살
넉넉히 나눠 주시는
푸르고 깊은 그 품에 덥석 안기어
가파른 삶을 고해告解합니다.
성급하게 앞뒤 모르고
좌충우돌 사느라고
땀에 젖은 몸으로
덤벙 뛰어들었다가
뼈 속까지 저려 오는
꾸지람 듣고
비로소 깨닫는
푸른 목욕법
혼신을 다하여 문장대로 올라

삼남三南의 푸른 들판에다
속진俗塵을 떨어내고
푸른 물로 다시 채우는
푸른 목욕법을 모르고
어리석게도 살아왔습니다.
부처님 일어서시어
절의 처마 끝을 받치시는
손끝을 보고서야
씻어서 다시 채워 주시는
속리산
푸른 욕법 깨닫습니다.

오월의 노래
— 성모님 찬송

오, 거룩하여라
말씀을 몸으로 받아
생명으로 피워 내신 어머니여,
당신의 피와 살로
영혼이 생명을 얻으니
임마꿀라따
(원죄 없이 잉태되신)
거룩한 우리의 어머니여,
그 지극한 사랑
정성스런 보살핌으로
온 세상 사람들
구원의 길 열었네.

오, 아름다워라
당신의 향기로운 입김
당신의 따스한 손길로
뭇 생명 기쁨으로 솟아

희망으로 푸르게, 푸르게 자라고
사랑으로 색색의 꽃피어나
말씀의 열매 준비하는
당신 품속 같은
이 푸른 오월.

오, 자비로우신 어머니여,
당신의 굳센 믿음으로
사람의 삶을 보살피시어
고귀한 사랑의 힘으로
비천한 몸을 일으켜 세우시고
지극한 사랑으로 인도하시니
오, 천상의 어머니 동정 마리아여
두 손 모아 기도드리는 당신을 통해
몸으로 사랑을 행하시는
우리들의 육신의 어머니를 체험합니다.

기도로 하늘 길을 열고

살아오면서 귀한 것은 모두 내어 주고
더러운 것은 씻어 내어 햇살에 말리며
눈물로 길을 내어 흘러가는 생애
하얗게 바랜 뼈를 모아
마침 기도 올리시는 어머니
그 어깨를 포근히 감싸시는
투명한 사랑
은은한 향기여.

수담手談을 나누며

우리들 서로 만나
비록 수담을 나누는
사이지만
서로의 마음을 읽으며
살아온 만큼의
고단하고 서럽던 일
기쁘고 어렵던 일
서로서로 위로하며
한 수
또 한 수 놓아 가며
인생을 음미吟味한다네.
그래, 우리가 살아오면서
목마르고 외로울 때
누가 물 한 모금 나눠 주었나
의로움에 핍박 받을 때
누가 찾아와 위로해 주었나.
살아가며
애경사哀慶事를 함께 나누는

착한 이웃들,

시간은 흘러가고

모두가 변하는데

변치 않는 마음과 마음 모아

봉사하는 그 손길이

고맙고 고맙구나.

어이, 한 수 배우네그려.

못 자국 일기

— 최상철 화백에게

돌아보니
산다는 게
생나무에
못 자국 찍는 것이구나.
누가 삶을 그릴 수 있으랴
그저 하루 또 하루
생으로
점, 점을 찍는 일이
되풀이되다 보니
못 자국만 가득한
생나무인 것을
누가 그 형상을 말하랴
다만 하늘 아래 걸린
생나무 결에
깊고 옮게 찍힌
못 자국들 가득 안고
오늘도 그렇게 살아가는 것을

하늘 문

말씀을 몸으로 받아
사람의 아들 되게 하시었네.
피로 익힌 말씀
뼈로 굳어진 신념
살로 피어나는 영혼
사람의 땅
비천한 마구간에서부터
약하고 여린 목숨
거룩한 사랑의 불로 타올라
사람의 아들로 살아가면서
온갖 고통
모진 박해
그 가시관과 십자가를
오직 인애忍愛로 삭혀 내어
마침내 죽음도 이겨 내고
영광
높푸른 하늘 문을 여시었으니
오, 아름답고 거룩하여라.

원죄 없이 잉태되신 어머니
우리의 어머니
사랑의 힘으로 타오르던
굳센 생애가
환한 빛의 몸으로
하늘 문이 되시어
오늘도
우리들을 인도하고 계시네.

소리의 흔적

소리들이 무슨 형상을 남기랴.
오늘도 바람이 불고
물상들 흔들리고
파도처럼
몰려왔다
몰려가는
이편 아니면 저편으로 쏠리는
살아가는 목소리들
바람에 불려
파도에 쓸려
우리들은 다만
몸 비비는 자갈돌인 걸
오늘 밤도 자갈돌 구르는 소리
바람이 불고
파도가 쳐서
몰려왔다 몰려가는
소리의 자국들이
울음처럼

웃음처럼
얼룩지는
생애生涯인 걸.

자월도

우리 동네 요한 씨는 평생을 바다 위로 떠다니면서 지구촌 곳곳을 돌아다니다가 우리나라 서해에 뜬 한 섬의 봉우리 위에 걸린 붉은 달에 반하여 그 섬에 내려 하느님의 공소 앞에 터를 잡고 산봉우리 위에 붉은 달 뜨는 날이면 출렁이는 감정을 무슨 낱말로도 표현할 수 없어서 바다로 나아가 파도에 어리는 붉은 달빛에게 사랑한다고 사랑한다고 긴 낚시 드리우고 한없는 그리움을 풀어놓고 밤새 입질하는 놀래미, 우럭, 광어, 볼락 등을 건져 올리며 하느님께 감사하며 살고 있는데요, 오늘도 국사봉 산허리에 밤꽃이 바다안개처럼 피어올라서 수풀들이 짙게 뿜어대는 풋내를 주체할 수 없어서 그래, 그래, 파도가 물어뜯는 등대섬에 나와 그리움을 밝히고, 고향동네 함께 자라던 친구의 예쁜 여동생 얼굴을 떠올리며 검푸른 바다 밑에서 큼직한 광어와 우럭을 건지면서 기분 좋게 휘파람 노래를 불러대며 돌아오는 이 섬 자월도 촌장이 되었다오.

울음소리

내 친구 최상철 화백의 캔버스에서 흐느끼는 울음소리로 들려옵니다. 이게 무슨 이유냐고 물으니 수천, 만 년 흘러오는 물에 바위들이 굴러, 굴러 저희들끼리 부딪치고 깨어져 자갈돌 되어 굴러 내리는 소리랍니다. 왜 울음소리로 들리느냐 하니 금생今生까지 굴러 온 자갈돌들이 아직도 저희들끼리 부딪치며 단단하게 갈아지며 우루루 우루루 속울음 굴려 울기 때문이랍니다. 아, 그렇군요. 흐르는 물결에 쌓이고 쌓인 한恨이 바위와 자갈돌로 굳어졌다가 흐르는 물살에 굴러 내리며 때때로 제 시름에 우루루 목청껏 울어대는 그런 소리로군요.

진눈깨비

진눈깨비 내리네.
허허롭게 엎드린 한 생애
삶의 등허리로
툭툭 눈물처럼
시름시름 푸념처럼
떨어져 내리네.
툭툭 메마른 숲으로
못들이 떨어지네.
힘겹게 지탱해 온 일생을
족보에 이름 세 자로 압축하여
못질을 하고
허물어지는 일생이 떨어져 내리네.
생 못들이 뽑혀 떨어지네.
각을 세우고
망치질하던 삶의 못들
시름시름 떨어져 내리고
깊이 박힌 장대 못도
붉은 녹을 쓴 채 툭툭 떨어져

잠시 눈을 뜨고 이승에 머물다가
이내 녹아 흐르네.
내 아버지 한 생애
잔디 덮고 누운 산에
향 꽂고
술 몇 잔 붓고
절하고 돌아서는 발길에
오늘도 그때처럼
내 가슴에 진눈깨비 내리네.

웃음소리

내 친구 최상철 화백의 캔버스에선 오늘도 자갈돌들이 저희들끼리 구르면서 히히히 호호호 낄낄낄 웃음소리를 내고 있어요. 어찌된 일인가 물어봤더니 그가 생끗 웃으며 하는 말이 수억 수만 수천 년 전부터 눈 녹아 흐르는 물에 각지고 모난 살을 깎고 갈아 굴러 내리며 갈라지고 터진 살을 씻고 씻어 금생今生까지 굴러온 가지가지 자갈돌들의 오늘은 내 생애의 흐르는 물에 젖어들어 서로서로 몸 부비며 한 생을 살아가는 소리라 합니다.

청해진

어수선한 세모에 우리는
청해진青海津을 찾아갔네.
그래, 넓고 푸른 바다에서 건져 올린
싱싱한 복어였어,
그래, 눈부신 설원雪原에 쏟아지는
은빛 햇살의 숨소리였어.
그래, 영원을 응시하는 눈빛으로
머리에 후광을 쓴 인격이었어.
그래, 하느님의 천사
그 말씀을 들으려고 청해진에 와서
복국을 마시며 더부룩한 속을 풀었어.
복국을 훌훌 마시며 그대는 말했지.
못은 뽑아도 못자국은 남는다고
그래서 그대는 못을 모르고 사는 중생들에게
못을 일깨우는 하느님의 철물상이 됐다 했던가,
하여간 우리는 못 자국 숭숭 뚫린 몸으로
이렇게 복국으로 속을 풀며 살아가는 거지.
하늘과 땅이 맞닿는 수평선을 바라보며

눈물로 기도하던 그대도
복국으로 풀어지며 말했지.
산이 바다로 풍덩 빠져 일렁이는
깊고 푸른 그 바다에서도 길이 보인다고.
그래, 돌아보니
우리는 서로 꽤나 힘든 길을 걸어왔지만
말씀을 찾아 함께 걷는 인연으로
가끔은 청해진을 찾아와
이렇게 복국으로 속을 다스리며
전해 주는 말씀을 새롭게 새기자고.

나의 천사

그때 나를 찾아와 속삭였네.
주님께서 부르신다고
그때 내손을 살며시 잡아 주었네.
그분께 가자고
살아가면서
울분과 원망으로
가슴 찢어지던 내게
조용히 다가와
그분께 기도하는 법을 일러 주었네.
어둠 속에 갇혀 눈먼 내게
눈 뜨는 법을 일러 주고
그분 앞에 엎드린 내게
약속의 말씀 전하였네.
그분의 십자가를 짊어지면
같이 짊어지겠다고
늘 깨어나 기도하면
어디서 무슨 일을 하던

합당한 능력을 주겠다는
그분의 말씀을 전해 주고
오늘도 내 손을 잡고
성모님의 품속으로
그분의 말씀으로 이끌며
사랑으로
사랑으로
무지한 나를 지켜 주는
나의 수호천사여
감사.
사랑.

물의 행로行路를 꿈꾸는 시

한 수 영
(문학평론가 · 동아대 교수)

1

한광구 교수의 시집 『산경山經』을 통독하고 가장 먼저 떠오르는 것은 '물'의 이미지다. 이 시집의 전체를 관류하고 있는 것은 단연코 '물'의 상상력, 그리고 '물'의 심상이다. 아마도 '물'은 시인 한광구에게는 이미 오랜 시적詩的 화두인 것으로 알고 있다. 1980년대 말에 낸 시집 『꿈꾸는 물』(1989)이나, 그로부터 십 년 뒤에 낸 장편소설 『물의 눈』(1998)이 모두 이것과 연관된다. 시인이 직접 여러 곳에서 밝히고 있듯이, '물'의 이미지는 시인의 은사인 박목월 선생의 시 「비유의 물」에서 영감을 받은 바 크다고 한다. "낮은 곳으로 온몸으로 포복하는 물에는 눈이 없다. 눈이 없는 물의 머리는 온통 투명한 눈이다." 라는 구절이 바로 그것이다.

한 가지 흥미로운 것은, 시인에게 '물' 은 단지 시인의 사유와 감상을 표현하기 위한 '객관적 상관물' 정도에 머무는 것이 아니라, 그것 자체가 하나의 세계관이자 존재론의 규범으로 자리 잡고 있다는 점이다. 이를테면, 시인은 우주의 삼라만상이 '물' 의 이치와 행법行法을 따르고 배울 필요가 있음을 조용하고 자분자분한 목소리로 우리를 설득하고 있는 것이다.

이 시집의 중심을 형성하는 시적 사유는 크게 두 가지의 세계로 구성되어 있는데, 그 하나는 산, 하늘, 땅, 바람, 뿌리, 풀, 나무, 별, 바위, 햇살 등으로 이루어진 '자연' 으로부터 길어올린 '물활론物活論' 의 세계이며, 다른 하나는 시인이 귀의한 '종교' 에 뿌리를 둔 '종교적 상상력' 의 세계이다. 시집을 읽은 사람은 금세 짐작하겠지만, 이 종교적 상상력의 중심축은 물론 '기독교' 에 그 뿌리를 두고 있다. 그러나 시 전체를 지배하고 있는 종교적 상상력은 딱히 '기독교' 에 고착되는 배타적인 것이 아니라, 불교와 도교를 넘나들면서 범신론汎神論에 가까운 활달무애함을 보여 준다. 각 종교가 지니고 있는 배타적 속성을 뛰어넘은 이러한 범신론적 편폭이 '자연' 을 대상으로 한 '물활론' 적 사유와 자연스럽게 조화를 이루는 것, 그것이 시집이 구현하고 있는 시적 진경眞景이라고 할 수 있다.

또 한 가지 주목할 것은, 시적 사유를 구성하는 이 두 개의 서로 다른 세계를 조화롭게 연결짓고 있는 것이 바로 앞서 말한 '물' 의 이미지라는 점이다. 시인에게는 자연의 오묘함과 신비도 그 근원에 '물' 의 속성이 내재해 있으며, 하느님의 말씀이나 예수님의 행보 또한 그것이 진리인 까닭이 '물' 의 속성과 같기 때문이다. 그러므로, 시인에게 '물'은 자연이자 곧 하느님의 말씀인 '진리'를 눈앞에 드러나도록 만드는 '사물로서의 진리'의 위상을 갖게 된다. '물'은 비유이자 곧 원관념이며, 원관념이자 곧 비유이기도 한, 그러한 독특한 의미로 시의 곳곳에 편재하고 있다.

그러므로, 시집을 읽고 가장 먼저 떠올린 것이 노자老子『도덕경』의 여덟 번째 구절인 것은 당연한 귀결이라 할 것이다.

> 上善若水, 水善利萬物而不爭, 處衆人所惡, 故幾於道...
>
> 선함 가운데 으뜸인 것은 곧 물과 같으니, 물은 만물을 이롭게 하지만 (그 공적을) 서로 다투는 법이 없고, 뭇사람들이 싫어하는 곳(즉 가장 낮은 곳)으로만 모이니, 그러므로 도에 가깝다.

노자의 이러한 역설법이 가장 아름답게 표현된 것이 시「깊은 샘」이다.

> 바위가 나무에게 몸을 열어
> 뿌리를 내리게 하고
> 파란 입술을 엽니다.
> 가장 낮은 곳에서
> 가장 높은 하늘을
> 보여 줍니다.
> 바위 속에
> 나무와 풀이 모여

열매를 맺습니다.
맑은 만큼 투명하게
하늘과 땅이
깊이 젖어 있습니다.

—「깊은 샘」

'물' 은 지상에 존재하는 어떤 사물보다도 늘 '더 낮은 곳' 에 자리 잡고 있다. '물' 보다 더 낮은 무엇이 있다면, '물' 은 금세 그것보다 더 낮은 자리로 옮겨 간다. 그것이 '물' 의 속성이다. 그러나 그런 속성 때문에 '물' 은 사실 가장 '높은 곳' 을 비추고, 마침내 스스로 가장 '높은 것' 이 된다. 이러한 역설을 「깊은 샘」을 통해 잘 보여 준다. 동일한 시적 발상으로 이루어진 시 「샘물」도 "가장 낮은 곳에서/ 가장 높은 하늘을 안고/ 반짝입니다."라고 노래한다.

가장 낮은 것이 가장 높은 것이 되는 이러한 역설적 진리는 시의 곳곳에 산재해 있거니와, 또 한 편의 시 「가장 높은」도 그 반열에 속한다.

이 산에서 가장 높은 곳이 어디냐고 물었습니다.
저 하늘을 이고 앉은 푸른 봉우리라 합니다.
봉우리에 뭐가 살고 있느냐고 물었습니다.
큰 바위가 앉아 있다고 합니다.
바위뿐이냐고 물으니
소나무 몇 그루 키우고 있다고 합니다.
소나무 위엔 솔잎 있고
솔잎은 바람에 날려

물을 타고 내려와
가장 낮은 골짜기까지 와 있다고 합니다.
그럼 가장 높은 곳이 가장 낮은 데 있군요.

—「가장 높은」

이솝의 우화처럼 단순하고 간단한 알레고리의 형식이지만, 이 시 또한 '가장 낮은 것이 가장 높은 것' 이라는 역설적 진리를 드러내 준다. 시를 유심히 읽어 보면, 가장 낮은 곳에 있는 것은 '솔잎' 이 아니라 그것을 낮은 곳으로 데려다 놓은 '물' 이라는 것을 알 수 있다. '물' 의 이러한 역설적 존재론은 자연을 노래할 때만이 아니라, 온갖 고통과 상처로 얼룩진 인간 세상, 즉 '사회' 를 대상으로 할 때도 마찬가지이다.

섬김을 받으려면
가장 낮은 데로
물처럼 흘러내려
피로서 섬기는
세상이
참 세상이지.

—「삼각형」 부분

궁극적으로 이러한 '물' 의 속성은 시인이 종종 '말씀' 으로 표현하는 '종교적 진리' 와 연결된다. 예수가 이 지상에서 가장 낮은 곳 중의 하나인 '말구유' 에서 태어난 사실 자체가 이미 그러하거니와, 시집 가운데 신앙적 성격이 가장 두드러진 '젊은 목수' 에 실린 십여 편의 시들 모두 예수의 행보나 말씀을

'물' 의 이미지와 연결짓고 있다. 자주 등장하는 '피' 또한 궁극에는 '물' 의 일종이 아니겠는가.

그 사랑의 피가
이 생애 가로지르고
세로로 흘러내려
투명한 살 속에
세우는 새 생명
나의 소금십자가여.

—「소금십자가」 부분

2

시집 『산경山經』을 찬찬히 읽으면 시어와 그 이미지들이 매우 조직적이고 전략적으로 배치되어 있음을 발견하게 된다. 앞서도 말한 바 있듯이, 시집 전체를 가로지르는 지배적 심상은 '물' 이지만, 그것이 언어로 옮겨져 시로 표현되는 과정은 사뭇 흥미롭다. 해설자의 눈에 가장 먼저 포착되는 것은, '물' 의 이미지를 구현하기 위해 시집 전체에 걸쳐 마치 주문呪文처럼 반복되는, '젖다' '적시다' '흐르다' 와 같은 술어述語의 계열체들이다. 일일이 그 예를 들자면 사실상 시집 전체를 다 얘기해야 할 만큼, 시집에는 '물' 을 연상케 하는 동사와 형용사들로 가득하다.

하늘은 비를 내려 땅을 적시고

땅도 하늘이 그리워
안개 자욱이 피워 올리지.
땅이 젖고, 숲이 젖고,
바위 속까지 **적시는**
맑고 투명한 샘물로
—「씻기」 부분(고딕 강조는 인용자. 이하 모두 같음.)

깜박이는 눈동자에
촉촉이 **젖어서**
그리움으로 풀어져
투명하고 깊이
젖어드네.
반짝이는 검푸른 몸
타오르는 검푸른 살
해맑은 불을 켜고
촉촉이 **적셔**

—「눈동자」 부분

골짜기는 깊어지고
젖어 미끄러운 바위
땀처럼
눈물처럼
흘리는 물
흔들리는 잎 사이로
햇살을 뿌려
반짝이며 **젖어 흐르네.**

—「보행」 부분

한광구의 시에서 '젖다' 나 '적시다' 는 어떤 동작이나 상태를 가리키는 말이 아니라, 일종의 '관계' 를 뜻한다. 시에서는, 어떤 사물이 '물' 을 만나 젖어 있는 상태는 가장 아름답고 이상적인 상태가 된다. 그러므로 사물이나 자연이 '물' 에 젖어 있는 상태는 '물' 과 '사물' 로 분리되지 않고 '물이자 사물' 인 상태로, 그것 자체가 이미 하나로 혼융된 사물임을 의미한다. 나아가 '물' 은 사물과 또 다른 사물을 서로 연결시켜 주는 역할을 한다. 그러므로, '물' 은 사물과 사물을 이어 주는 일종의 '매개적 역할' 을 하게 되고, 모든 사물은 '물' 에 의해 '젖어 있는 상태' 혹은 '물' 이 그들을 '적시는 순간' 에, 비로소 고립을 벗어나 다른 것들과 소통하게 되고, 그 자신의 내면을 드러내게 된다. 따라서, '젖다' '적시다' '흐르다' 못지않게, '물' 과 관련되어 시 가운데 빈번하게 등장하는 상관어相關語들이 '열다' '풀(리)다' '잇다' '뚫다' '녹(이)다' 와 같은 말들인 것은 자연스러운 이치다. 이것은 그 상대어인 '닫다' '맺(히)다' '끊다' '막(히)다' '굳다' 와 대립한다. '물' 의 힘(또는 시에서 '물' 의 역할을 대신하는 '바늘' 또는 '말씀' 의 힘)은, 닫히고 맺혀 있는 것, 그리고 끊어진 것과 막힌 것, 굳어 있는 것들에 '젖어듦으로써' , 이들을 '소통疏通' 시키고 '회통會通' 하도록 만든다.

눈 녹으며 골짝마다 물 흐르는 소리 자욱하네.
바위들마다 속으로 참아 온 눈물 흘리고
나무마다 뿌리로 간직한 고통을 눈물로 풀어내네.
메마른 풀잎마다 눈물로 젖어 흔들리네.
하늘이 산으로 내려 흘리는 물소리

낮고 깊은 땅에서
굶주리고 병들었던 뿌리들이
새파랗게 능선을 기어오르네.

—「물소리 · 1」

그가 내 가슴에 열쇠를 꽂았네.
절망이 쌓여 굳어진 가슴에
힘줄 돋아
땅에 매면 하늘에도 매이고
땅에서 풀면 하늘에서 풀리는
인력引力으로
내 삶을 걸머진
바위.
내 풋풋한 힘줄을 매는
나의 반석.

—「반석盤石」

시「물소리 · 1」에서의 '물'은, 그 스스로도 눈이 '녹아내려' 형성된 것이지만, 흘러내려 가면서 많은 것들을 다시 '녹아 흘러내리도록' 만든다. 바위와 나무, 그리고 메마른 풀잎들이 '흘러내리는 물'에 의해 속에 가두어 두었던 고통을 '풀어낸다'. '물'은 치유의 능력뿐 아니라, '굶주리고 병들었던' 모든 뿌리들을 '새파랗게' 다시 태어나도록 만드는 '신생新生'의 힘도 지니고 있다. 따라서 시에 등장하는 '푸르고 투명한 빛깔'은 곧 생명의 빛이라고 할 수 있다. '물'과 만난 사물들, '물'에 '젖은' 사물들은 메마르고 굳었던 자신의 존재의 사슬을 풀고,

'물' 의 힘에 의해 비로소 말랑말랑해지며 부드러워지고, 그윽해지며 따뜻해진다. 그래서 스스로를 '열고' 다른 것들과 서로 '섞인다'. 그러므로, 위에 인용한 시 「산바람」의 마지막 구절은 "햇살 밝은/ 오늘은/ 하늘과 땅을 섞는 소리/ 온 산에 가득하네" 라는 송가頌歌로 장식되어 있다. 시 「반석」에서 굳어진 가슴을 풀어내는 것은 비록 '물' 은 아니지만, '매인 것' 을 '풀어내는' 역할이 중요한 것은 '물' 이나 '그' 나 마찬가지다. 시인에게 '자연' 과 '종교적 진리' 가 둘이 아니라 하나임을 다시 확인하게 되는 지점이다.

그리고, '물' 이 환기하는 색채 이미지는 단연 '푸르다' 와 '투명하다' 이다. 따라서 '물' 에 의해 환기되는 한광구 시어의 계열체는 '젖다-적시다-흐르다-내리다' 를 하나의 모둠으로 하고, 그와 연결되는 '열다-풀(리)다-잇다-뚫다-녹(이)다' 를 상관되는 모둠으로, 그리고 '푸르다-투명하다' 를 또 다른 상관모둠으로 하는 세 개의 계열군을 형성한다고 볼 수 있다.

> 나무야,
> 풀아,
> 흔들리며 사는 건
> 그대들의 몫
> 흔들리며 자리 잡고
> 푸르게 살기는
> 그대들의 삶
> (…중략…)
> 흐르는 물을

햇살과 섞어
푸르게 숨쉬는 건
그대들의 지혜
간밤에도
깊은 골짜기나
우뚝한 바위에도
고루 이슬이 내려
온 산이 젖었으니

—「산바람」 부분

글의 첫머리에서도 말한 바 있듯이, 한광구 시인의 시에서 '자연' 은 자신의 사상을 드러내기 위한 '시적 상관물' 을 넘어선 자리에 놓여 있다. '물' 또한 그러하다. 그의 시에서 '물' 은 생태학적 상상력을 불러오기 위한 '도구' 나 '수단' 이 아니다. '물' 은 존재의 근원이며 동시에 방법이기도 한, 그런 근본자리에 놓여 있다.

4

앞 절에서 우리는, 언뜻 보면 소박하고 단순해 보이는 한광구 시인의 시편들이, 기실 매우 조밀하고 섬세한 시어의 계열체들로 직조織造되어 있음을 살펴보았다. 시어의 계열체들이 배치되고 짜여지는 것과는 또 다른 맥락에서, 시집을 구성하고 있는 주목할 만한 시적 사유는 '소리' 와 '말씀' 에 관한 시인의 성찰

이다. 시인은 수많은 '소리' 들에 귀 기울인다. 그 '소리' 들은 대부분 '자연' 으로부터 비롯되어 나오는 것이지만, 시인은 그것을 단순한 '자연' 의 소리로 인식하는 것이 아니라, 어떤 '말씀' (곧 로고스=진리)으로 받아들인다. 이를테면, 시인은 '소리' 를 말씀으로 번역하는 역할을 하고 있는 셈이다.

> 소리가 있었네.
> 날 부르는 소리가 있었건만 난 듣지 못했네.
> 내 이름을 부르며 다가왔지만 맞아 주지 못했네.
> 아, 소리가 있었네.
> 누군가 알아듣는 귀를 가져
> 그 소리가 들렸네.
> 바람이 불고
> 햇살이 내리고
> 나무와 수풀들이 흔들리며 내는 소리를.
> 나는 듣지 못하고 그냥 지나왔네.
> 문득 누가 날 부르는 듯하여
> 돌아보니
> 이제껏 내가 듣던 목소리가 아닌
> 햇살이 눈부시게 내리고
> 숲에서 푸르게 피어오르는
> 노랫소리
> 바람처럼 춤추듯
> 마을로 걸어오는
> 소리가 들리네.

—「소리가 있었네」

한광구 시인은 사물의 '모습' 보다 '소리' 에 더 민감하게 반응한다. 그는 사물을 '소리' 로 먼저 인식한다. 그래서, '자연' 의 존재도 그 모습보다도 '소리' 로 먼저 인식하게 되고, 그 '소리' 를 알아듣는가 아닌가에 따라 시인(혹은 화자)의 인식계認識界는 둘로 나뉘게 된다. 소리를 알아듣기 전과 알아듣게 된 후. 시인에게 이 '전前' 과 '후後' 는 마치 개벽 이전과 이후만큼이나 큰 차이를 나타낸다. '소리' 의 세계는 그가 곧 사물과 자연, 그리고 우주와 신神과 소통하는 하나의 '통로' 가 된다. '소리' 를 인식함으로써 비로소 그는 사물과 자연의 존재를 깨닫고 그것과 시인 자신의 '관계' 를 새롭게 환기할 수 있기 때문이다.

낮은 데로
흐르다 보니
숲이 하늘이 됩니다.
하늘 숲에서는
바위가 말이 됩니다.
말이 엮어져
노래가 됩니다.
온 산이 녹아
흘러내리는 소리
귀가 쩡하게
듣습니다.

—「물소리 · 2」

'소리'는 본래 의미를 갖지 않는다. 그래서 '말'과 구분된다. 그러나, 위의 시에서 '말'과 '소리'와 '노래'는 그런 구분에 의해 나누어지지 않는다. 오히려, '의미의 소재' 여부를 기준으로 나뉘는 일반적인 '위계位階'를 위의 시는 거꾸로 돌려세워 놓고 있다. 즉, '말'보다 '노래'가, '노래'보다 '소리'가 더 크고 강하게 '화자'의 귓전을 때리고 있는 것이다.

'소리'로 인식하는 사물의 세계는 때로 듣는 주체의 상태에 따라, 똑같은 소리가 다르게 들리는 경우도 있다. '소리'에 관한 이런 재치가 돋보이는 시가 「울음소리」와 「웃음소리」라는 연작시다. 이 두 편의 시는 또 하나의 시 「소리의 흔적」과 겹쳐 읽어야 그 의미연관이 비로소 완성되는 일종의 연작형태로 되어 있다.

> 내 친구 최상철 화백의 캔버스에서 흐느끼는 울음소리로 들려옵니다. 이게 무슨 이유냐고 물으니 수천, 만년 흘러오는 물에 바위들이 굴러, 굴러 저희들끼리 부딪치고 깨어져 자갈돌 되어 굴러 내리는 소리랍니다. 왜 울음소리로 들리느냐 하니 금생今生까지 굴러 온 자갈돌들이 아직도 저희들끼리 부딪치며 단단하게 갈아지며 우루루 우루루 속울음 굴려 울기 때문이랍니다. 아, 그렇군요. 흐르는 물결에 쌓이고 쌓인 한恨이 바위와 자갈돌로 굳어졌다가 흐르는 물살에 굴러 내리며 때때로 제 시름에 우루루 목청껏 울어대는 그런 소리로군요.
>
> —「울음소리」

> 내 친구 최상철 화백의 캔버스에선 오늘도 자갈돌들이 저희들끼리 구르면서 히히히 호호호 낄낄낄 웃음소리를 내고 있어요. 어찌된 일인가 물어봤더니 그가 생끗 웃으며 하는 말이 수억 수만 수천 년 전부터 눈 녹아 흐르는 물에 각지고 모난 살을 깎고 갈아 굴러 내리며 갈라지고 터진 살을 씻고 씻어 금생今生까지 굴러 온 가지가지 자갈돌들의 오늘은 내 생애의 흐르는 물에 젖어들어 서로서로 몸부비며 한 생을 살아가는 소리라 합니다.
>
> —「웃음소리」

두 편의 시는 '소리' 에 관한 시인의 민감함이 빚어낸 흥미로운 발상 형식을 보여 준다. 시인은 실제로 자갈돌의 소리를 듣는 것이 아니다. 아마도 시인의 연구실 벽에 걸려 있는 그림이거나, 어쩌면 작업 중인 화가의 캔버스를 들여다보는 것일는지도 모른다. 어찌 되었든, 자갈이 그려진 그림으로부터 그는 자갈들의 '소리' 를 '번역' 해 내고 있는 것이다. 그에게 '형상' 보다 '소리' 가 더 우선이라는 것을 이것보다 여실하게 증명하는 경우가 또 있을까.

그림 속의 자갈들은, 어떤 날은 우는 것처럼 들리지만, 다른 어떤 날은 웃는 것처럼 들린다. 시 「소리의 흔적」에서 시인은 이렇게 말한다. "소리들이 무슨 형상을 남기랴./ (…중략…) 우리들은 다만/ 몸 비비는 자갈돌인 걸/ (…중략…)/ 소리의 자국들이/ 울음처럼/ 웃음처럼/ 얼룩지는/ 생애生涯인 걸." 결국, '소리' 는 아무 형상도 남기지 않고 대기 중으로 흩어지고 말지만, '주체' 는 그 '소리' 를 포착하고 마침내 하나의 '의미' 로 번역해 낸다. 그러나, 그 '의미' 는 고정되어 있지 않다. 마치 형상으로 고정된 '자갈' 의 그림에서 울려 나오는 '소리' 가, 어떤 날은 '울음소리' 로 들리고, 어떤 날은 '웃음소리' 로 들리듯이, '소리' 는 '형상' 을 남기지 않고 자유자재한 '의미들' 로 옮겨 간다. 그리고, 마침내 '우리의 삶' 도 그러하다고 시인은 말한다.

산을 오르다가 만나는 파란 풀밭에서 속삭이는 소리 따라가니 풀뿌리 적시며 하늘을 안고 박혀 있는 샘물을 만났네. 햇살을 안고 반짝이는 샘물에 어리는 내 얼굴 비로소 바로 보이고, 나무들도 와서 저마다 굵기로 뿌리를 내려 물을 마시며, 푸른 피로 힘차게 일어서서 하늘로 가지를 뻗고, 검푸른 잎으로 햇살과 바람이 함께 엮는 하늘 글자를 속삭이듯 읽고 있어, 소리를 따라 계속 오르다 보니. 비탈길에 바위들이 저마다 옹기종기 모여 앉아서 무릎 아래 풀잎의 목소리에 귀 기울이다가, 소나무 스치는 바람 소리를 아래로 전해 주고, 오리나무 붉은 속잎 돋는 소리 알려 주고, 참나무가 바람으로 읽는 하늘 소식 전해 주며, 아래서 위로, 위에서 아래로, 푸른 피가 통하는 길을 열어 주기에, 바위 타고 나무 잡고 허위허위 숨 가쁘게 오르다 보니, 수억, 수만, 수천 세월 살아온 생애를 구름처럼, 안개처럼, 이슬처럼 거느리고. 우람하게 앉아서 햇살 받아 안고, 파란 하늘 이고, 머리에 투구처럼 소나무 꽂고, 영원을 사는 법을, 바람으로 설법說法하다가, 구름으로 기도祈禱하고 있네.

—「산경山徑」

「산경山徑」은 지금까지 우리가 살펴본 이 시집의 시어들이 모두 모여 대규모의 교향악을 연주하는 듯 일대 장관을 이루고 있다. 그가 즐겨 구사하는 시어의 이미지들이 이 시에서 한꺼번에 제 모습과 목소리를 드러내며 한데 어우러지고 있기 때문이다. 시집의 전부를 구성하고 있다고 해도 좋을 자연대상물들, 풀 · 나무 · 잎 · 뿌리 · 바람 · 하늘 · 구름 · 바위 · 안개 · 이슬 · 햇살 등이 모두 출연하고 있을 뿐 아니라 어김없이 '샘물' 이 그 모든 자연의 물상들을 '적셔 주고' 있다. 산행의 시작은 시인의 화두인 '소리' 로부터 시작하고, 모든 물상들은 '물' 의 힘에 의해 서로 '적셔지고' '젖어들며' 산길을 올라가는 화자와 소통한다. 소통이 이루어지는 공간구조는 '위/아래' 와 '오르다/내리다' 로 구성되어 있다. 이 시집의 공간 구조는 항상 '위/아래' 그리고 '오르다/내리다' 를 반복한다. 화자는 '산' 을 오르지만, '물' 은 골짜기와 마을을 향해 내려간다. '바람' 은 아래에서 위로, 위에서 아래로 '하늘 소식' 을 전해 주기도 하고 '푸른 피' 가 통하는 길을 열어 주기도 한다. 이것은 시집을 떠받치고 있는 또 하나의 세계인 종교적 상상력의 그것과 상통한다. '신/인간', '하늘/지상' 역시 '위/아래', '오르다/내리다' 의 구조로 기호화될 수 있기 때문이다. 「산경山經」이라는 시(「산경山徑」과 한자가 다르다) 마지막 구절, "하늘 말씀을/ 땀처럼/ 눈물처럼/ 흘리는/ 물을 모아/ 아래 세상으로 보내는 걸/ 비로소 알게 되었네." 도 그러하거니와, 시 「농사」에서 "말씀의 씨앗은/ 햇살처럼 내리고/ 비처럼 내려오니" 로 시작되는 첫 구절도 마찬가지다. 시집을 구성하고 있는 이 공간구조는 이 글의 허두에서 언급한 '물' 의 존재론과 다시 연결된다. '가장 낮은 곳/가장 높은 곳' 은 결국 '위/아래' 의 구조로 환원되기 때문이다.

5

성경의 '창세기' 를 읽다 보니, 유독 '물' 에 관한 내용이 첫 장부터 가득하다. 예컨대, "땅이 혼돈하고 공허하며 흑암이 깊음 위에 있고 하나님의 신은 수면에 운행하시니라."는 1장 2절이 그러하거니와, "하나님이 가라사대 물 가운데 궁창이 있어 물과 물로 나뉘게 하리라 하시고 하나님이 궁창을 만드사 궁창 아래의 물과 궁창 위의 물로 나뉘게 하시매 그대로 되니라." (6~7절), "하나님이 가라사대 천하의 물이 한곳으로 모이고 뭍이 드러나라 하시매 그대로 되니라." (9절), "하나님이 가라사대 물들은 생물로 번성케 하라." (20절)라는 구절이 모두 '물' 과 연관된다. 이 글의 허두에서 언급한 『노자』 '상선약수上善若水' 장章의 '물' 과 '창세기' 의 '물' 과 시집에 등장하는 '물' 이 모두 똑같은 '물' 일 수는 없으나, 전혀 다른 '물' 이라고 할 수도 없다. 예컨대, 그 '물' 을 생명의 근원으로 보며, 모든 생물을 기르고 번성하게 만드는 것으로 인식한다는 점, 그리고 '물' 을 통해 모든 자연존재들이 서로 소통하고 관계 맺을 수 있다고 보는 점에서 서로 비슷하다. 더욱이 '물' 이 지닌 그러한 미덕에도 불구하고, '물' 은 삼라만상의 어떤 물상보다도 항상 '낮은 곳' 에 머물고자 한다는 점, '물' 이 지닌 이러한 '물성物性' 에 가장 깊이 공감하고, 그것을 존재의 근본 이치의 차원에까지 끌어올리고자 한 것이, 앞선 경전의 지혜와 연결되는, 이 시집의 가장 빛나는 성취라고 할 수 있다. 이러한 시인의 꿈을 간결하고 함축적으로 노래한 시가 「보행」이다.

가지가 하늘을 가렸네.
잎이 햇살을 가렸네.
골짜기는 깊어지고
젖어 미끄러운 바위
땀처럼
눈물처럼
흘리는 물
흔들리는 잎 사이로
햇살을 뿌려
반짝이며 젖어 흐르네.
가야지, 걸어서
물의 행법行法을 따라
연옥煉獄 같은 이 골짜기
하루 종일
걷고 또 걸어서 가야겠네.

—「보행」

이 시에 등장하는 한 구절, '물의 행법' 이야말로 이 시집 전체를 아우르는 주제어, 혹은 열쇳말이 아닌가 싶다. 만물을 적시며 천천히 아래로 흐르는 물. 닫힌 것을 열고, 굳은 것을 녹이고, 맺힌 것을 풀고, 끊어진 것을 이으며, 상처를 쓰다듬고 고통을 어루만지며 흐르는 물. 그리하여 마침내 지상의 가장 낮은 곳에 엎드려, 가장 높은 곳을 열망하는 물. 스스로 가장 높아지는 물. 이것이 시집을 통해 전해 오는 시의 '복음福音' 이 아니겠는가.

산경山經

지은이 | 한광구
펴낸이 | 설보혜
펴낸곳 | Poetics 시학
1판1쇄 | 2007년 6월 8일
출판등록 | 2003년 4월 3일
주소 | 서울 종로구 명륜동1가 42
전화 | 744-0110
FAX | 3672-2674

값 8,000원

ISBN 89-91914-28-5 03810